总序

讲述文物故事，赓续历史文脉

1921 年安特生在河南渑池县仰韶村发现了以彩陶为特征的仰韶文化，从而成为中国考古开始的标志。此前，我们按照《史记》可以把中国的历史上推到距今约 4000 年的大禹治水，往前是三皇五帝的传说时代，再往前是女娲造人的神话时代。人类到底从何而来？始于何时？中华民族的历史始于何时？三皇五帝的传说可信吗？这种种问题困扰着我们。100 多年来，中国四代考古人风餐露宿，用了不多的人力和财力，构建起了中国大地百万年的人类发展史和一万年的中华文化史，以及 5000 年的国家文明史。

考古学使书中的历史和传说，成为博物馆中那些看得见、摸得着的物质。如殷墟甲骨文和商代墓葬的发现，证明了司马迁于 1000 多年后在《史记》中记载的商朝是完全真实可信的。这是中国考古学所特有的视角与出发点，它以一种伟大的原动力推动着考古人和史学界去不断地追索，沿着这样的路不仅建立了物质文化层面的夏、商、周，而且往下一直到明、清，往上追溯到一万年前的新石器时代以来的各地区的文化谱系，以及 100 多万年以来中华大地上的人类发展史。

博物馆作为收藏、保护、展示、宣传人类文化和自然遗存的重要场所，沉淀着民族的文化精华。近年来，随着免费开放的进一步扩大及展览内容的精彩升级，博物馆日益融入大众生活，成为热门“打卡地”，也逐渐成为青少年朋友的“第二课堂”，发挥着越来越重要的文化教育作用。

但是由于时空的限制，大众能亲赴博物馆参观的仍在少数；而且由于一些藏品的唯一性，众多珍贵艺术品分散在不同的收藏机构，普通观众要想遍览这些文化艺术的精华几乎不可能。

浙江摄影出版社推出的“书架上的博物馆”丛书，邀请文博界、收藏界专家撰稿，以通俗平易的语言，讲述博物馆馆藏文物故事和某一专题方面的相关知识，配以大量精彩图片，组成一套有图有真相、有趣有“细料”的“纸上博物馆”图书，既可免除去博物馆参观的行脚之苦，又有专家学者“导览”“解说”，实在是一套善莫大焉的“善”本好书！

博物馆是国民教育体系的重要组成部分，分布在全国各地的博物馆不仅是青少年获取知识、拓宽视野的重要场所，更是培养爱国主义精神和科学精神的历史课堂。博物馆丰富的资源，对塑造青少年的人文情怀和科学素养，培养创新思维和开放视野，具有无可替代的作用。“书架上的博物馆”丛书以青少年读者为中心，围绕民族复兴的时代主题，扎根中华文化的沃土，追踪最新考古成果，揭示国宝背后的历史故事和文化内涵，表达中华文化的博大精深和源远流长，将为赓续中华文脉注入固本培元、立心铸魂的思想力量。

刘斌

浙江大学艺术与考古博物馆馆长

讲述文物故事

赓续历史文脉

书架上的博物馆

铜镜里的动物

刘斌 主编

张一晗 著

浙江摄影出版社

全国百佳图书出版单位

编辑统筹：邱建国
责任编辑：潘洁清
责任校对：高余朵
责任印制：汪立峰

图书在版编目（CIP）数据

铜镜里的动物 / 张一晗著 . -- 杭州 : 浙江摄影出版社 , 2024.3
（书架上的博物馆 / 刘斌主编 . 第一辑）
ISBN 978-7-5514-4519-1

Ⅰ . ①铜… Ⅱ . ①张… Ⅲ . ①古镜—铜器（考古）—介绍—中国 Ⅳ . ① K875.24

中国国家版本馆 CIP 数据核字（2023）第 084129 号

SHUJIA SHANG DE BOWUGUAN
书架上的博物馆
TONGJING LI DE DONGWU
铜镜里的动物
张一晗　著

浙江摄影出版社出版发行
地址：杭州市体育场路347号
邮编：310006
网址：www.photo.zjcb.com
制版：沈阳留白文化创意传媒有限公司
印刷：浙江海虹彩色印务有限公司
开本：787mm×1092mm　1/16
印张：5
2024年3月第1版　2024年3月第1次印刷
ISBN 978-7-5514-4519-1
定价：39.80元

目录

一

铜镜的诞生和发展

《女史箴图》真实地反映了铜镜的摆放和使用方式。

◎ 东晋　顾恺之《女史箴图》局部（隋唐官本）

上古时期，人们以水为“鉴”（镜），也就是通过水里的倒影来看自己的样子。我国迄今发现最早的铜镜出土于以甘肃为中心的齐家文化遗址，距今约有四千年历史。铜镜在商朝作为祭祀礼器出现，在春秋战国时期，则是社会上层贵族的专属用品。其铸造工艺精湛，图案抽象简约，是身份和地位的象征。随着采矿和冶炼技术的提高，到了西汉末期，铜镜成为大众不可缺少的生活用品，迎来了大发展时期。在动乱的南北朝，则稍显没落。隋唐时期，随着社会生产力的提高和经济的繁荣发展，铜镜的铸造技艺走上了最后的巅峰。宋、金、元时期虽然也有非常精美的铜镜出现，但多数趋于平庸。明清时期玻璃的出现更是加速了铜镜的没落，铜镜最终变成了“收藏品”，逐渐退出了历史舞台。在本书中，我们将挑选一些有意思的铜镜来说说，看看有哪些“珍禽异兽”出现。

春秋战国

春秋战国时代，铜镜在铸造质量和数量上比商朝时期有了质的飞跃。图案由质朴走向成熟，铸造中心开始由北往南迁移。这一时期，螭虎、蟠虺等上古神兽大量出现在镜子背面。战国时期，生产力得到发展，社会结构剧烈变革，文化艺术也空前繁荣，各个国家都有了自己的文字和社会结构，不再遵循周礼，“礼崩乐坏”的时代到来。青铜器自商周以来占据正统地位的局面逐渐衰落，铜镜作为日常生活用具却得到了巨大的发展。在这个时期青铜器物仍然是一种奢侈品，铜镜也只能成为统治阶级的生活用品中的标准配置。

中国铜镜铸造史上的第一个高峰。

◎ 四虺四乳镜（西汉）

雅致两汉

经过“文景之治”的积累，汉代的经济和文化都达到了前所未有的高度，各个方面的积累都为汉民族文化的形成奠定了基础，也造就了中国铸镜历史上的第二个高峰。西汉初期，战国时代盛行的蟠螭纹镜继续流行，与此同时，众多的吉祥用语，如“长毋相忘”“长相思”“乐未央”，和吉祥图案一起被铸造在铜镜的背后，寄托了大众对美好生活的向往。两汉时期道教盛行，反映道教题材的铜镜、十二生肖和四方神兽镜也在这时期开始流行，还有比较“厉害”的透光铜镜也在这时出现。

◎ 烫银七乳神兽镜（西汉）

© 西汉长信宫灯（河北省博物院藏）

文景之治:

汉文帝、汉景帝时期采取“轻徭薄赋”“与民休息”的政策，大力恢复经过战乱破坏的社会生产。随着生产日渐得到恢复并且迅速发展，汉朝出现了多年未有的稳定富裕的景象。人民的生活水平得到了很大提升，汉朝的物质基础亦大大增强，是封建时代的盛世之观。

新莽时期是西汉和东汉之间的一个过渡期，短暂但是精彩。其社会制度、货币体系都非常超前，但不适应当时社会的诉求和需要。

八枚小乳钉绕一圈，上有“长宜子孙”四个汉篆书体铭文，规矩纹与神兽纹饰相搭配。

◎ 尚方规矩镜（新莽）

除常见的四神纹饰外，还有较为少见的瑞兽纹，外圈一周是由蟠虺纹、变形蟠虺纹与动物纹饰组合而成。

魏晋南北朝

魏晋南北朝时期，国家处于大分裂状态。北方战争不断，因此，经济中心也从北方逐渐转移到南方。铜镜的铸造在北方地区几乎完全停滞。南方相对安定，铜镜铸造业虽然得以继续保持，但是经济的影响导致设计和制造工艺水平急剧下降。相对于汉代的高品质，这一时期的铜镜显得非常粗糙、平庸。在铜镜图案方面，神兽依旧为主要的流行款式，只是日渐简约。

◎ 竹林七贤砖雕（南京博物院藏）

◎半圆方枚人物神兽镜（魏晋）

华丽隋唐

隋结束了魏晋南北朝时期三百余年的分裂局面，使得国家重新回到大一统的状态，虽然只有短短三十多年，但是是个承前启后、建立标准的时代。这个时代出现了中西文化交流和融合的现象。很多“外国人”来到了中国，并且生活在这里。在山西太原出土的“虞弘墓”即是佐证。隋唐时期的铜镜纹饰延续了生肖和神兽的内容，但是也出现了很多变化，写实性突出，而且融入了一些中亚文化的元素。

唐朝是我国古代的“盛世”之一，亦是当时世界上最强盛的国家之一。汉文化和异域文化相互融合，国际化程度非常高，这一时期形成了新的文化表达方式。此时，铜镜不仅是生活用品，而且成为礼尚往来的礼品之一。

文化的融合和发展在铜镜的领域也

◎ 海兽葡萄镜（唐）

有一定的反映。葵花和菱花的造型突破了汉代以来的镜或圆或方的形态。唐代李白在《代美人愁镜》诗中道：“狂风吹却妾心断，玉箸并堕菱花前。”这里的“菱花”成了铜镜的代名词。除却形态的变化，镜身尺寸也渐渐增大，装饰的味道更加浓郁。背面图案除了延续使用中国传统的神兽，还有十二生肖、龙凤、花鸟等丰富的内容。由于受到异域文化的影响，更是出现了“来自国外的动物”，也就有了唐代铜镜的“代言人”——“海兽葡萄镜”。

唐代的铜镜无论是材质、工艺还是艺术水准，都是中国铜镜历史上自汉代以来的另一个巅峰，后世再也无法超越。尤其是江苏扬州出产的铜镜，其设计和工艺引领全国，成为皇家贡品。

昔昔盐二十首·蟠龙随镜隐

【唐】赵嘏

鸾镜无由照，蛾眉岂忍看。

不知愁发换，空见隐龙蟠。

那惬红颜改，偏伤白日残。

今朝窥玉匣，双泪落阑干。

◎ 双龙镜（宋）

朴质两宋

在经历了盛唐的辉煌之后，铜镜再也未能迎来黄金时代，开始走下坡路。一方面战争不断，经济严重倒退，导致铜开采量下降，原材料整体缺乏，而且铜主要用来铸造钱币。另一方面，作为日常生活用品的铜镜，也不再过分追求美观和艺术，重实用而弱化工艺，因此，其衰退是必然的。

宋代是我国文化艺术发展的一个辉煌时期，书法、绘画、陶瓷、钱币、建筑等都达到登峰造极的美学高度。和唐代相比，这一时期的铜镜却出奇的“平和”。摒弃了唐代的“华丽”“富贵”的气质，装饰功能下降，更注重实用价值。镜体由厚重变得轻薄，背面的吉祥图案也变得特别人文，山水风景、神话传说、人间百态都一一得到反映。从材质上看，黄铜里增添了更多的铅，铜镜变得更加透亮和古朴。

独特辽金

辽、金两个少数民族政权分别由契丹和女真族建立，社会结构和文化全面学习同时代的汉民族政权。这时期的铜镜造型死板、粗犷，做工一般。但其在学习中原文化的过程里也形成了自己的独特风格。比如说辽代的龙纹和金代的双鱼、双龙，是这一时期最有代表性的图案。金破宋后，整个社会的精英，包括匠人，都被“平移”到了东北地区。辽金时代的很多宝藏其实都是宋人的作品，双鱼镜的出现也是有力佐证。

◎ 双鱼镜（辽金）

没落明清

明、清时代的铜镜纹饰充满生活化气息，花卉、神话、山石、鸟兽，甚至以文字呈现镜背视觉的比比皆是。清代造价低廉的玻璃立镜的传入，使得铜镜的主流地位不保。另一方面，清代崇尚仿古之风，因而仿古铜镜的数量巨大。一般来说，仿制的铜镜形体较小，纹饰不太清晰，带有当时的艺术特色，缺少了汉唐时期铜镜的气质，形似神不似。材质和品质绝对不能和古物相提并论。从

◎ 龙凤镜（明）

此，铜镜慢慢地从大家的生活中消失了，成为一件件装饰艺术品。

如今，那些陈列在博物馆里的铜镜，虽然已经是满身斑驳锈迹，它们的主人也随风而去，再也不能通过它们看到自己的容颜，但是铜镜却见证了多少跌宕起伏的人生，等着大家去探索和发现它们曾经的故事。

◎ 十二生肖八卦纹镜（明）

二

上古神兽来了

龙的种种

龙是中国人最喜欢的神兽之一，象征着王权和尊贵地位。铜镜记录了龙形的变迁和发展，从春秋战国时代的蟠螭、虺开始，到隋唐的凶猛形象，直到宋代才慢慢变得更加亲民，融入到老百姓的生活里。

蟠螭

蟠螭纹是春秋时期青铜器上常见的纹饰。“蟠”就是盘曲的意思。“螭”，中国古代传说中龙之九子之一，是一种没有角的龙，也是水神的象征，可以防火。后来出现在建筑的屋脊上面，叫“螭吻”。

◎ 蟠螭纹镜（战国）

虺

虺是古人以爬行动物——蛇作为参照，想象出来的龙。“虺五百年化为蛟，蛟千年化为龙。”虺可以说是一种年幼的龙，也特指雄龙。也有观点认为虺就是蜥蜴的演变。乳和虺在汉代分别指女性和男性的性器官，是古代人对性的崇拜。铜镜上面的“小鸟”是雀，也就是凤的雏形。虺和雀的组合也就是后来的龙和凤的雏形纹饰。

“云从龙，风从虎”，始有“龙虎风云”一词。龙虎纹镜出现于东汉晚期，流行于东汉晚期至魏晋时期，是道教风格的体现。这一时期的龙还是想象中的神兽样子，形式多样化，并没有太统一的风格。

◎ 四虺四乳镜（西汉）

羽人，古代神话里长着翅膀的人，最早出现在《山海经》里。羽人具有阴阳之间接引的职责，有不死的含义。

◎ 龙虎纹镜（东汉）

◎羽人龙虎纹镜（东汉）

◎ 蟠龙纹镜（唐）

蟠龙

这就是唐代龙的标准形象，威武凶猛，气势威严，是秦汉龙的进化。镜中三爪龙造型优美，云纹流畅。在古代传统建筑中，一般把盘绕在柱上的龙和装饰桩梁、天花板的龙称为蟠龙。

到了南宋时期，社会安定，生产力大力发展，动物的形象也随之发生改变。龙从威严神兽慢慢变成了“生活中”温柔的动物形象，和我们现在想象中的龙差不多了。同时代的辽金也顺应了这个改变。

◎双龙宝鼎镜（辽金）

◎四神镜（宋）

◎四方神兽镜（东汉）

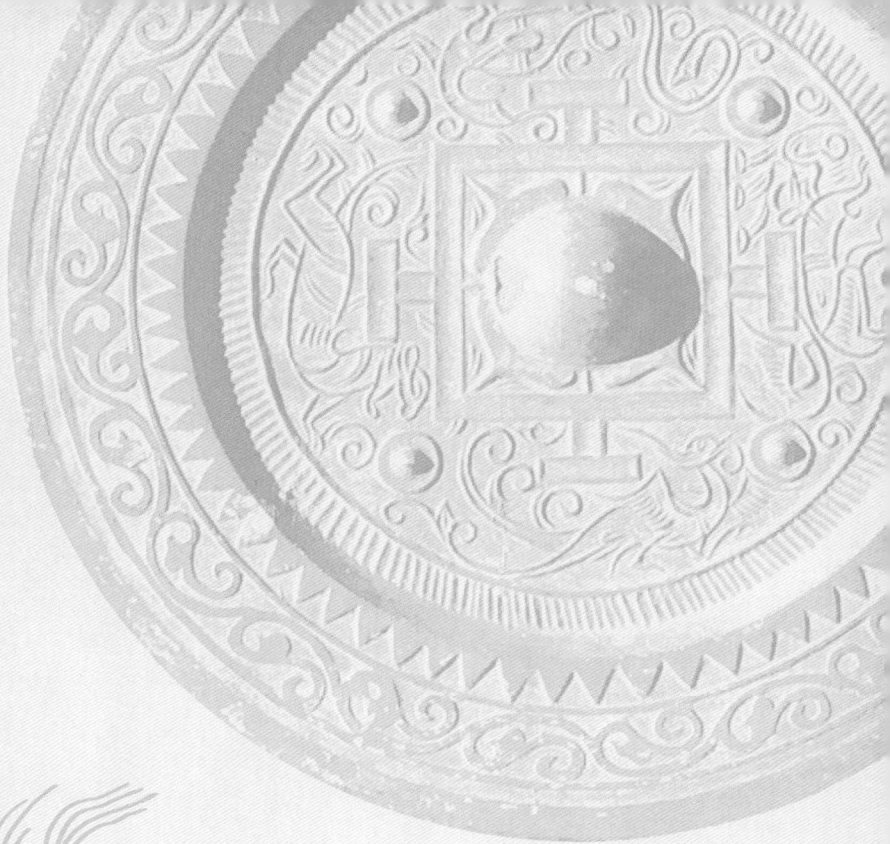

四方神兽

大家熟悉的青龙、白虎、朱雀、玄武，从汉代开始，人们认为它们分别镇守东、西、南、北四个方向。在北京和西安，依然有“玄武门”“朱雀大街”这样的建筑或大街的名字存在。四方神兽融入了五行和方位，东方青色为木，西方白色为金，南方赤色为火，北方黑色为水，中央黄色为土。四方神兽属于道教和天文学结合的产物。它们守卫着四个方向，也守卫着我们的内心世界。

◎饕餮纹镜（战国）

饕餮

饕餮是古人想象的一种怪兽，常见于商周时期青铜器作品。饕餮本身没有身体，只有一个巨大的头和嘴，见到什么吃什么，用现在的话叫“吃货”。因此，它也被视为“贪欲”的象征。

麒麟

看到这些图案的第一眼你可能会觉得，这不是羊吗？对，形象上确实像羊。在古人的观念里，羊是美和吉祥的象征。“大吉羊”就是“大吉祥”的意思，汉字“美”和“善”的上半部分就是“羊”。

其实，这是古代神兽——“麒麟”。麒麟是美好吉祥动物的综合体，最初的形象是以鹿的特征为主，融合了龙、马的形态。“麒麟”二字以“鹿”为偏旁，古人造这个词的时候，便明白无误地告诉人们，麒麟由鹿演化而来，但它又绝不是鹿，比鹿多了一些“零件”和“装备”。据说它的身子为麇，古代指獐子。有牛的尾巴，圆的头顶上有一只角。

对老百姓而言，麒麟乃送子神兽。民间有“麒麟送子”的说法，对聪颖可爱的男孩儿，则称其为“麟儿”。到了宋代，有些建筑的图案里慢慢出现了狮子形态的麒麟，也为后世麒麟的演变和固化奠定了基础。直到明朝，郑和下西洋带回来长颈鹿，大家还以为就是“麒麟”现身，可见在大多数人的印象里，麒麟还是以鹿为主要形态的动物。到了明末清初，麒麟才慢慢地演化成为我们现在固有的印象——高大威猛，吉祥的寓意更加深刻和圆满，更符合时代审美。

◎ 四神规矩镜（西汉）

◎麒麟（春秋）

◎麒麟（西汉）

◎麒麟（东汉）

◎ 麒麟（唐）

◎ 麒麟（北魏）

◎ 麒麟（宋）

三

上天入地的动物们

鸾

赤色多者为凤，青色多者为鸾。“鸾”也就是“青鸟”，是古代中国神话传说中类似凤凰的鸟，更是爱情的象征。在凤凰的诸种异名中，“鸾”可能是最为人们熟知的一种。但是“鸾”并不是真正的凤凰。双鸾纹镜上的“鸾”属于标准图案，对后世影响极大，现在日本的吉祥图案还是沿用类似的图形。

◎ 双鸾纹镜（唐）

◎四凤镜（辽）

凤

凤凰，亦作“凤皇”，古代传说中的百鸟之王。雄的叫“凤”，雌的叫“凰”。辽金时期，作为百鸟之王的凤凰，少了贵气、雍容的气质，增加了些粗犷和可爱，吉祥的寓意没有变。这一时期的凤凰就像一只下落凡间的可爱“宠物”，好像人们生活中的一种动物。

鸳鸯

古人喜欢寄情于物。在不同的历史时期，鸳鸯有不同的含义，有时比喻恩爱夫妻，有时代表兄弟手足之情，有时象征君子、贤者。魏晋时代以后，鸳鸯的象征意义才逐渐趋向单一，才有了我们现在认为的——代表爱情的吉祥物。

从唐代开始，鸳鸯纹大量出现在艺术品上，如金银器、铜镜、丝织品。带有鸳鸯图案的被子、枕头等成为新婚必备的用品，反映了人们对幸福婚姻的追求。爱人之间将绣有鸳鸯图案的物品互相赠予对方，以表达爱意。

它们是自由和美好的象征。

◎鸳鸯鸟雀镜（唐）

在天愿作比翼鸟，
在地愿为连理枝。
——白居易

◎蝶恋花枝镜（唐）

蜂蝶和鸟雀

◎兽钮四鸟葵花镜（唐）

蜂蝶飞旋于花枝之上，鸟雀围绕着镜子中心飞翔，这种组合象征着自由和美好。自然花卉和飞鸟以具象化的形态出现在铜镜背面，是写实艺术的直观体现。这种纹样在唐代中晚期较为流行，是花鸟镜中比较经典的题材。

◎ 六鹤同春镜（辽金）

仙鹤

鹤，在我国古代是仙人的坐骑，由于其自然寿命有五六十年，在鸟类里出类拔萃，所以被称为仙鹤，也是代表长寿的吉祥物。在古人心目中，鹤的地位在凤凰之下，一鸟之下，万鸟之上。辽金时代的铜镜上面铸造了这种神鸟，也说明了汉民族的文化深深影响了少数民族的审美和喜好。

玉兔和蟾蜍

中国古代以白兔作为祥瑞之物，因白兔似玉色，所以白兔又被称作“玉兔”。玉兔手握玉杵在桂树下认真地给西王母捣药，有长生不老的寓意。蟾蜍则在一旁不断跳跃。自古以来，中国就有蟾蜍崇拜文化。蟾蜍对于古人来说是神圣的动物，因其可以一产多子，寄托了古人对繁衍后代的崇拜信仰。

出人意料的是，蟾蜍这么难看的形象在一些神话里竟然是嫦娥的化身。传说她吃了长生不老之药，一人飞入天宫，被变成了丑陋的蟾蜍。大家是不是对于心里的嫦娥有了新的感知呢？

◎月宫镜（唐）

◎ 吴牛喘月镜（宋）

牛

牛在中国古代社会中占有重要的地位，是农业上离不开的战略物资，牛的数量、生老病死都要报备。从秦代开始，法律规定不允许食用牛肉，一直到了清朝才慢慢放松政策，直到民国时期才允许大众吃牛肉。

吴牛喘月：

水牛多生长在长江、淮河一带，古代这个地方叫作“吴”，所以那里的牛就叫作“吴牛”。水牛很怕热，喜欢泡在凉快的水里，它只要一看到太阳，就会全身发热，喘个不停。有一次，水牛看见月亮，误以为是太阳，便吓得大大地喘起气来。后来，“吴牛喘月”一词用来比喻人遇事过分惧怕，失去了判断的能力。

鱼

◎双鱼镜（辽金）

鱼是水里最常见的生物，自古以来受到人们的喜爱。金代最为流行的铜镜图案就是“双鱼纹”。

金人崛起于白山黑水之间，渔产丰富，他们对鱼有着深厚的情感和精神寄托。双鱼的设计含有生活富足、完美、情爱的寓意。“故禹门化龙者，是大赤鲤鱼，他鱼不能也。”民间所谓鲤鱼跃龙门的典故即由此而来。头尾相接的构图使得画面显得饱满匀称，有循环往复、周而复始的含义。双鱼纹镜从自然中汲取灵感，变为生活里的图案，具有典型的民族特点，蕴含了人们对美好生活的向往和追求。

十二生肖

有一说法认为，十二生肖起源于古巴比伦，经过印度传入中国，后经过本地化的演变，成为十二地支的形象化代表。每个中国人都能找到属于自己的保护神。十二生肖镜上按顺序列了（子）鼠、（丑）牛、（寅）虎、（卯）兔、（辰）龙、（巳）蛇、（午）马、（未）羊、（申）猴、（酉）鸡、（戌）狗、（亥）猪。中间为方向四神。生肖风格写实，形象突破了传说中神兽的概念，反映了百姓热爱生活的美好愿望。请大家注意下猪的样子，是不是很像一只野猪？其实在中国古代和亚洲其他国家，猪的形象就是这个造型，但后来在中国，猪的形象却变成了家猪的样子。

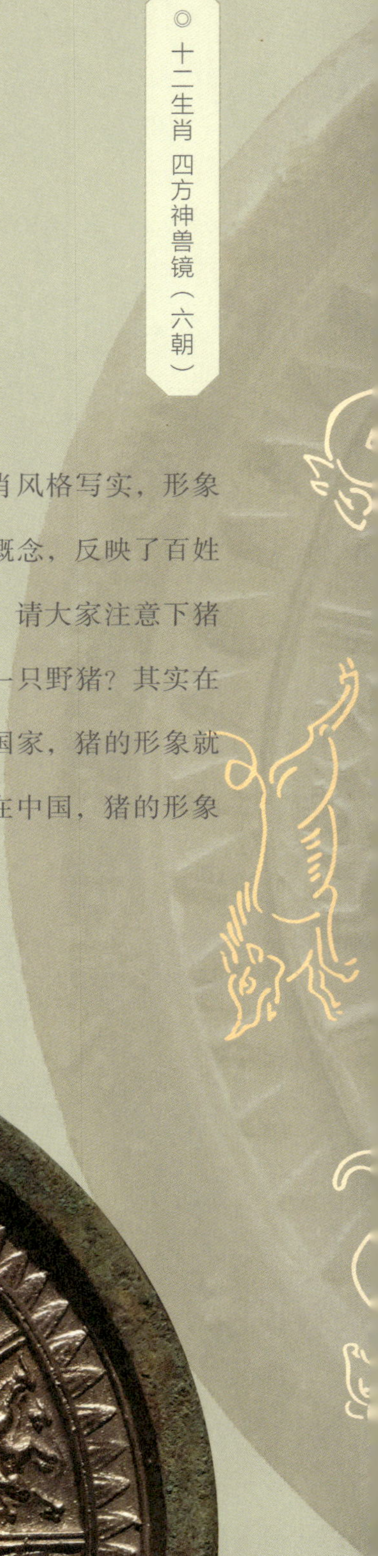

◎十二生肖 四方神兽镜（六朝）

四

中外文化交流的见证

狮

古代中国有狮子吗？起码在丝绸之路开拓之前，中国本土是没有的，狮子是纯粹的外来物种。在狮子传入中国之前，文献中其实早已有狮子相关的记载了，也就是我们说的“狻猊”——龙九子之一，被视为上古神兽，一直活在神话传说之中。丝绸之路的开通，给了狮子传入中国本土的机会。凭借着高大威武、勇猛霸气的外表，狮子深受帝王与皇亲贵胄的喜爱。狮子纹饰出现于铜镜之上，除了受到西域文化的影响，更是受到佛教的影响——代表大智慧的文殊菩萨的坐骑也是狮子。

◎ 双狮镜（五代十国）

海兽

“海兽葡萄镜”主要流行于唐高宗、武则天时期，多数为圆形，镜体厚重，图案造型生动，立体感强。它在宋代的《宣和博古图》中又被称为“海马葡萄镜”。姿态各异的“海兽”嬉戏于葡萄藤蔓之间。葡萄象征着多子多孙。“海兽”没有固定数量，以镜子的大小来安排。

“海兽”到底是种什么动物？现在并没有确切的定论，从主流共识来看，“海兽”是结合了深厚的中国文化内涵和外来文化元素的假想动物，是中外文化交流融合的产物。

◎ 海兽葡萄镜（唐）

鱼龙

龙，中国人最喜欢的图腾之一。从春秋战国开始到宋金时期，中国龙的图案纹饰也有了很大的变化，从战国的简约、概括到汉代富有设计感的线条，再到隋唐的皇家气质，直至辽金时期变得写实，高高在上的形象也慢慢变得贴近生活 ，存在感越来越强。龙就好像是一种普通动物，生活在我们的世界里。这个龙的形象也是星座里面摩羯的中国形象，请记住它。

◎ 双龙铜镜（辽）

后记

中国历史文化积淀深厚，博大精深，使我们心存敬畏。当我每次翻看笔记本上的手稿和文字，就会非常开心，激发我继续探索的勇气和信念。2018 年 8 月，我的第一本书《钱趣儿——读钱就是读历史》上市，使我这个对历史有着浓厚兴趣的“设计、插画工作者”有了新的目标和方向，那就是再多策划一些“有趣的历史书”。2023 年，浙江摄影出版社的同人给了我这个实现目标的机会，在这里，表达深深的感谢！

《铜镜里的动物》的内容由我策划撰写，这是一项工程浩大的任务，需要投入难以想象的时间和精力，更需要有强大的知识储备作为后盾。感谢邵先生为我提供了很多有用的资料和支持，整个过程是艰苦和不断反复的。幸运的是，今天我和出版社的同人一起完成了这项工作。

《铜镜里的动物》是一本有趣的小书，选取了铜镜背后的图案——传说中的神兽和动物作为主要内容。中国铜镜铸造历史悠久，内容丰富，从不同层面传达了古人对于美好生活的向往和对于自身生活的记录。在经历了春秋战国、汉、唐几个铸造高峰后，铜镜从高高在上的皇家贵族御用物品发展成了普通老百姓的必备生活用品，直至最终成为人们的高级收藏品。中国的铜镜有将近四千年的铸造历史和积淀，知识太过深奥，我“投机取巧”地从图案的角度选取各个时代具有代表性的铜镜，用图片和手绘插画结合的方式呈现。内文插图，我尝试了几种笔来画这些有趣的动物，最终，我选择了使用马克笔的草稿，略显笨拙的线条体现了铜镜手工制造的粗犷与精美互相融合的神奇质感。“以图为主，文字为辅”，分享铜镜“背后”动物的传说和故事，大家可以更轻松地阅读。

最后，还是要感谢中国悠久的历史文化，给我们提供了无穷无尽的知识和灵感来源。我会继续用自己擅长的表达方式把更多有趣的历史小知识分享给大家。虽然我深知自身知识匮乏，能力有限，但我会不断钻研和学习，和大家一起探索中国历史文化之美！

设计师、插画师、图书作者

2023 年 8 月 18 日于深圳